Le revers de la haine

Wakeu Fogaing

Le revers de la haine

Théâtre

TEHAM ÉDITIONS
97, AVENUE DU GÉNÉRAL DE GAULLE
94420 LE PLESSIS-TRÉVISE - FRANCE
2016

www.tehameditions.com
ISBN 979-10-90147-17-1

Photo de couverture : Wakeu Fogaing
Crédit : Prosper Mekem (Perez)

À mon grand-père,
Kouokam-Sukam, qui a dansé en 1989
pour rejoindre les ancêtres.

Distribution

Wabo-Beufeu
Massa'a
Taka'a
Sikoun
Mayap
Le conseiller principal
Le roi
La favorite
Le juge
Tabueu
Kuipou
Souop-Kamdem
Trois gardes, un musicien.

Acte I

Dans la cour de Wabo-Beufeu, Taka'a, le serviteur, joue un instrument de musique pour égailler son maître

Mayap

Seigneur, une femme, je crois, ne doit prendre sa tête dans un lieu qu'elle ignore. Massa'a nous méprise de son regard. La rêveuse ! Dis-lui s'il te plaît que nous avons eu nous aussi des regards méprisants.

Wabo-Beufeu

Je trouve qu'il est tôt pour en parler. Je ne veux pas entrer dans des histoires de jalousie. Soyez patientes je vous prie. Massa'a est une femme timide mais très séduisante.

Mayap

C'est aussi pour cela que son ex-fiancé tient encore à elle. Et peut-être qu'elle ne parvient pas à l'oublier.

Wabo-Beufeu

Tu me fais mal quand tu me rappelles ce grincheux ! Ce malheureux qui a eu le toupet de se mettre en travers de mon chemin quand j'allais épouser cette beauté de Massa'a.

Mayap

Elle a une histoire je crois, et c'est la rumeur qui la raconte mieux. Quand on aime, on oublie la grandeur de son rival.

Wabo-Beufeu

Je te jure qu'il s'est fichu pas mal de mon titre de noble. Moi, le chef de clan et premier collaborateur du roi. Quelles histoires peuvent bien avoir à se raconter deux pauvres amants sans avenir ?

Mayap

Et si tu savais à quel point ta dernière épouse l'aime. Elle rêve toujours de te quitter pour lui.

Wabo-Beufeu

Mayap tu as inventé ça. Ma femme ? Aimer ce morveux sans aucun avenir ! Je ne crois pas que Massa'a puisse encore penser à ce fils de chien. Je l'ai sauvé de son gouffre. Tu as menti, je peux dire que tu as menti ça, c'est sûr. Est-ce que la différence n'est pas visible ?

Mayap

C'est toi qui reconstruis son histoire. La vérité est loin de ce que tu penses. Elle a essayé plusieurs fois de le rencontrer. Mais le garçon a fui, de peur que la rumeur n'en parle.

Wabo-Beufeu

Ma femme ? Non, ce n'est pas possible. Ma dernière aimée veut me quitter pour se perdre dans les bras d'un vaurien ?... Incroyable ! Ce garçon n'a même pas de case construite dans ce royaume. Un sans-abri !

Mayap

C'est pourtant vrai Seigneur. Mais j'ai la nette impression qu'il a envoûté Massa'a par sa galanterie. Sa poésie.

Wabo-Beufeu

Le malade ! Quelle poésie ? Que sait-il de la poésie ? Il a osé corrompre une âme qui est aujourd'hui mienne ? Qui aurait appris à ce fils de chien à aimer les belles femmes ?

Mayap

Quel mépris ! Quelque chose t'échappe. Ta colère ne changera rien à cette situation. Il est jeune. C'est sans trop de risque qu'elle a parié sur lui.

Wabo-Beufeu

Taka'a, va m'appeler Massa'a. Il faut que j'informe cette dernière des lois qui régissent ma concession. Je suis loin d'être un homme qui porte des cornes.

Taka'a sort

Mayap

Elle se surprend parfois à nous dire qu'elle ne peut te donner son cœur.

Wabo-Beufeu

Le malade ! C'est donc pour cela qu'elle refuse de dormir avec moi en prétendant qu'elle est malade ? Elle veut sans doute garder sa virginité pour ce fils de con. Comme je le hais.

MAYAP

Il ne doit pas non plus te porter dans son cœur.

WABO-BEUFEU

Malheur à toi si tu fais encore ce genre de déclaration. D'ailleurs ce soir, tu n'auras pas d'huile pour le repas de tes enfants. Qu'est-ce qui ne va pas ici ?

MAYAP

Je n'ai dit que la vérité, Seigneur. Excuse-moi si elle t'a offensé. Tes enfants n'y sont pour rien. Je suis en face de toi.

WABO-BEUFEU

Tu t'es assez moqué de moi. Il y a des vérités qui ne se disent pas. La tienne est pleine de jalousie.

MAYAP

La jalousie ? Arrête ! qu'est-ce que tu crois ? je t'ai vu épouser après moi sept autres femmes, et tu crois que pour la neuvième la jalousie va renaître en moi ? Disons plutôt que j'ai eu tort de parler. D'ailleurs c'est le bouc qui s'épuise ; pas la chèvre.

WABO-BEUFEU

Quitte ma cour et vite. Quelle femme se permet de venir s'asseoir près de moi et vomir ses désagréables observations ? Qui lui donne de telles autorisations ?

***

TAKA'A

Seigneur ! Votre volonté est faite.

WABO-BEUFEU

Merci. Laisse-nous seuls. Massa'a, ma chère épouse. Je ne sais comment me contenir. Il faut très peu de choses à un homme pour qu'il soit heureux toute la vie. Le respect. Il ne faut que le respect. J'ai honte. Je ne sais plus où se trouve ma place. Dois-je aller nicher à la porcherie ? Je cherche mes repères.

MASSA'A

Les repères, moi aussi je les cherche. Comment effacer ta honte ?

Wabo-Beufeu

Donne-moi seulement des honneurs ma perdrix. Le respect, c'est tout.

Massa'a

Je te donne tous les honneurs que tu mérites. Je suis un peu obligée mais c'est ce que je fais. Laisse-moi le temps qu'il faut. Il me faut du temps pour les rendre plus vrais.

Wabo-Beufeu

Le temps traîne interminablement. S'il te plaît, fait la toilette autour de toi. Sors un peu de la foule, je te vois à peine. Un minable homme de ce royaume m'a décoiffé en public.

Massa'a

Te décoiffer en public ? Personne ne peut faire ça.

Wabo-Beufeu

Et devant huit de mes épouses, il l'a fait.

Massa'a

Devant mes coépouses ?

Wabo-Beufeu

Un homme de piètre condition ma perdrix.

Massa'a

Quel matamore a osé faire cela ?

Wabo-Beufeu

C'est ton imbécile d'ex-fiancé qui dit posséder la clé de ton cœur.

Massa'a

Sikoun ? Grand Dieu ! Que me dis-tu ? Le soleil se lève de nouveau sur ma vie ! Que le combat soit rude mais qu'il gagne.

Wabo-Beufeu

Tu te réjouis de cette nouvelle ? Ça ne te fait rien de me voir perdre mon honneur face à ce fils de roturier ? Où est le respect que je mérite ?

Massa'a

On ne peut s'empêcher de rire quand arrive la fin subite des pleurs. Il y a trois jours, Sikoun a refusé de s'enfuir avec moi dans le village voisin.

Wabo-Beufeu

Toi, ma femme ! Tu as osé lui demander cela ? Quelle honte pour moi ! Je te comprends assez maintenant. Je comprends ta maladie et ton refus de dormir avec moi. Quelle bassesse. Vous ne pouvez pas vous cacher dans ce royaume. Je vous ai à l'œil.

MASSA'A

Seigneur, aie pitié de moi. J'aime Sikoun. Mon amour pour lui a des racines très profondes.

WABO-BEUFEU

Et tu oses me le dire ? Quelles racines ? Pas de racines !

MASSA'A

Franchement, je t'en voudrai toujours de nous avoir séparés. Il en est de même pour lui.

WABO-BEUFEU

Quoi ? Ce fils de roturier ose lui aussi me haïr ? Je lui ferai savoir qui je suis dans ce royaume. On raconte que son langage est poétique ! Il va me porter toute la vie entre les jambes comme une hernie.

MASSA'A

Il sera au courant de ta rancune. C'est un dur à cuire, tu vas t'étrangler de haine. Je vais le prévenir.

WABO-BEUFEU

C'est trop tard ! Un sans-abri. Où sont ses racines ? Je vais lui montrer la couleur de sa bâtardise.

MASSA'A

Tu es cruel ! Tous mes feux sont pour lui. Sa poésie berce sans cesse mon espoir.

WABO-BEUFEU

Et toi, ce soir, je dis bien ce soir et pas plus tard que ce soir, tu coucheras dans le lit de ton mari. Je te déracine ce soir.

MASSA'A

Tu m'effraies ! Visible démon !

WABO-BEUFEU

Tu es ma femme. Et je ne sais pour qui tu gardes ton honneur. Que tu le veuilles ou non, ta maladie guérira ce soir.

MASSA'A

Je te hais !

WABO-BEUFEU

Ta haine est sans importance. C'est Sikoun qui

ne devrait plus compter pour toi. Qu'il aille planter ses racines hors du royaume.

MASSA'A

Il te hait aussi !

WABO-BEUFEU

Il le regrettera. Tu ne vas pas tarder à le comprendre.

Massa'a quitte la cour au bord des larmes.

Acte II

Dans un sentier du royaume, Taka'a est allé chercher Sikoun et les deux cheminent ensemble vers la demeure de Wabo-Beufeu.

Taka'a

Alors Sikoun, j'espère que tu n'as plus d'appréhensions. Mon maître a constaté que tu es un brave garçon.

Sikoun

Je ne peux pas voir la vie en rose quand mon rival me convoque.

Taka'a

N'aie pas peur de mon maître. Il veut peut-être te dire une vérité qui te sera bénéfique.

SIKOUN

Ton maître ne connaît aucune vérité. Il n'aime que rivalité, défi et haine. Il savait bien que Massa'a était ma fiancée. Que nous nous aimions passionnément. Que le temps pour nous n'existait pas. Son père a choisi de la donner en mariage à ton noble de maître pour recevoir un minable titre du palais.

TAKA'A

Que pouvait-il attendre de toi ? Depuis mon jeune âge, je suis un serviteur. J'ai des enfants nés d'une femme cherchée et dotée par mon maître. Ce sont tous des fils de serviteurs. Ils n'ont pas le droit de regarder une fille sans l'avis du maître de leur père. C'est ainsi que marchent les hommes du royaume. Mon père était serviteur. Moi je le suis, mes enfants le seront. Nous fonctionnons comme le monde s'est créé…

SIKOUN

Que notre société reste organisée telle qu'elle est ! Vouloir la changer, c'est déclarer une guerre contre les nobles. Je veux seulement qu'il y ait une logique dans le partage des femmes. Pour ce qui est de ma fiancée, j'ai failli faire un scandale. Mon père me l'a déconseillé.

Il avait peur d'être chassé du royaume avec sa misérable famille.

TAKA'A

Ton père ne pouvait penser autrement. Ici dans le royaume, les serviteurs, leurs femmes et leurs enfants n'ont rien à dire. La parole est l'apanage des nobles.

SIKOUN

J'ai envie de vaincre cette façon de penser. Aussi longtemps que je sentirai mon cœur battre, je lutterai pour avoir Massa'a. Aucune autre femme ne peut combler le vide qu'elle a laissé. Ma vie sans elle n'est pas vie. Ton maître a déjà huit épouses ; qu'il me laisse l'unique avec qui je veux construire ma vie. Taka'a, annonce-moi. Je suis la branche d'un arbre qui se détache.

Taka'a entre dans la cour de Wabo-Beufeu qui sort la maison et s'assied

***

Wabo-Beufeu

Bonne matinée brave homme. Que ma grande cour ne te réserve aucune surprise.

Sikoun

J'ai répondu à votre appel Seigneur, et me suis préparé pour des surprises.

Wabo-Beufeu

Je n'ai jamais souhaité que tu aies des surprises désagréables. J'ai fini par comprendre que tu es d'une grande utilité pour moi.

Sikoun

Où vous suis-je utile ? Je ne le crois pas, seigneur. Je ne suis qu'un fils de serviteur.

Wabo-Beufeu

Ça se voit mais ça ne se prouve pas. Tous les nobles du royaume font l'éloge de ton courage ; ils disent que tu es un héros.

Sikoun

Je ne mérite pas vos compliments. Si vous ne m'occupez pas, je m'en vais.

Wabo-Beufeu

Attends encore un moment et tu seras ravi.

Sikoun

Ravi ? Mon ravissement ne peut venir de vous, puisque vous êtes la cause de mon malheur. Vous avez tout brisé, et ma vie et l'espoir. Que puis-je encore attendre ?

Wabo-Beufeu

Oublie le passé et pense à demain. Je suis un notable qui pense à l'infortune des autres. Je donne des racines aux instables.

Sikoun

Le Tout-Puissant vous écoute.

Wabo-Beufeu

Je sais que l'image de ton ex-fiancée n'a jamais quitté ton esprit.

Sikoun

J'apprends à l'oublier, seigneur. En vain. Je suis allé jusqu'au bord du suicide mais la cruelle vie n'a voulu me quitter.

Wabo-Beufeu

Ne te fais plus de soucis. Tu peux la récupérer.

SIKOUN

Il y a longtemps que j'ai cessé de rêver.

WABO-BEUFEU

Il est vrai que Massa'a est mon épouse. Mais je dois te dire en confidence que je tiens moins à elle qu'au collier de perles blanches de la favorite du roi.

SIKOUN

Vous n'avez qu'à laisser partir ma bien-aimée.

WABO-BEUFEU

Son mariage m'a coûté une fortune tu sais. Et je n'ai pas encore le collier blanc qui me fera épouser la princesse de Fobabou.

SIKOUN

Allez vous entendre avec la favorite. Entre reines et notables, la distance n'est pas grande.

WABO-BEUFEU

Je t'ai fait venir, justement pour que tu ailles me chercher ce collier. Si tu me l'apportes, je te redonne Massa'a. Il faut bien récupérer quelque chose de ce que m'a coûté sa dot.

Sikoun

La richesse est à l'ombre de mes rêves ! Ma pauvreté est héréditaire. La favorite ne me connaît pas. Et mon rang et ma classe ne me permettent pas d'aller au-devant de son illustre personne. Je n'ai pas les moyens d'aller à la lune.

Wabo-Beufeu

La favorite n'est pas gardée et tu es un héros. Elle a ses frères qui lui rendent visite… ce n'est pas à la lune que tu dois aller. Et n'oublie pas Massa'a ; elle n'attend que cette épreuve pour retomber dans tes bras. Elle m'a dit que tu réussiras sans coup férir.

Sikoun

Ô Dieu ! Elle a dit ça ! Est-ce la fin de mes malheurs ? Massa'a ! Au nom de mon amour, donne-moi le pouvoir de te mériter de nouveau. Je dois vaincre la peur.

Wabo-Beufeu

Prends courage et réfléchis. En réalisant cet exploit, tu la reconquerras avec noblesse. Nous devons mériter ce qui nous est indispensable.

SIKOUN

Libre dans ce royaume avec Massa'a... Quel bonheur ! Quelle aubaine... Mais ai-je les moyens de jouir de ce bonheur ?

WABO-BEUFEU

Les moyens ne viennent que de la pensée. Moi, je ne veux que ce collier précieux pour te remettre ton amour.

SIKOUN

Si Dieu est vraiment mon maître, je réussirai à vous ramener le collier. Je sais que je mérite Massa'a plus que toute autre personne.

WABO-BEUFEU

Écoute-moi bien. Ce collier est un présent que le roi a donné à sa favorite pour lui témoigner son amour.

SIKOUN

Quelle que soit la valeur de ce collier, il ne peut valoir un cheveu de Massa'a. Qu'il ait été remis par le roi, cela m'importe peu. Je me donnerai la peine de vous l'amener. Merci de m'avoir offert cette chance.

Wabo-Beufeu

Elle est unique ! Tout doit se passer dans une grande discrétion. Car le roi ne laissera pas impunie une personne qui aurait l'audace d'arracher à son épouse adorée ce collier précieux.

Sikoun

J'ai tout compris seigneur. Toute la nuit, je réfléchirai. Et demain, bonjour le soleil.

Wabo-Beufeu

Je te rappelle que Massa'a n'a pas encore perdu son honneur. Elle n'acceptera d'ouvrir sa fleur qu'au cas où tu échoues à ta mission.

Sikoun

Que Dieu veille sur ses jours. Elle n'attendra pas en vain. Jamais je ne la déméritera. Au revoir !

Wabo-Beufeu

Jeune homme, méfie-toi de la garde royale. Sois prudent et discret si tu veux atteindre ta cible.

Sikoun

Je suis un homme. Je crois ! Moi, je sais ce que je veux ! Massa'a.

Wabo-Beufeu

Elle veut un sans-abri, elle ira le voir. On ne se comporte pas de cette façon chez-moi.

Sikoun repart comme il est venu. La nuit tombe sur le royaume. Une musique de flûte de roseau s'élève.

Acte III

Dans la salle de séjour du palais, le roi est sur son trône. Autour de lui, deux gardes aux visages voilés, et deux autres armés d'épées à chaque extrémité de la scène. Le cri strident d'un enfant vient troubler la musique que le roi écoute. Il lève la main et la musique s'arrête.

Le roi

Qui pleure dans ce palais ? Quel enfant lève la voix quand nous voulons du silence ? Pouvons-nous respirer le calme dans ce royaume ?

Un cinquième garde entre et s'incline.

Le garde

Majesté, ce sont les pleurs du prince héritier.

Le roi

Pourquoi est-il mécontent ? Qu'il arrête de crier.

Le garde

Majesté, il a craché imprudemment sur le dix-neuvième garde qui, énervé, lui a donné une gifle.

Le roi

Quoi ? Un valet a porté la main sur son futur maître ? Ouste ! Attrapez ce manant tout de suite et que son audace aille affronter la rudesse de la plus répugnante de nos prisons.

Tous les gardes sortent

Quel toupet ! Quelle audace ! Un garde qui gifle un prince. Où a-t-on jamais vu pareille chose ? C'est incroyable. Il sera bien châtié, et sa punition servira d'exemple aux autres. Garde !

Un garde revient

Un garde

Majesté !

Le roi

Giflez cet imbécile de garde jusqu'à ce qu'il devienne sourd, avant de le jeter en prison.

LE GARDE

Vos ordres seront exécutés, Majesté !

LE ROI

Ce n'est pas possible ! Cet idiot mérite d'être brûlé sur la place du marché.

***

WABO-BEUFEU

Majesté, noble éléphant mâle. Qui a tenté de vous offenser ?

LE ROI

Qu'il soit maudit.

WABO-BEUFEU

Il en va de soi mon roi. Je suis surpris que vous soyiez déjà au courant, Majesté ?

LE ROI

Nous avons nous-mêmes entendu le prince pleurer.

WABO-BEUFEU

Il a offensé le prince ? L'imprudent !

Le roi

Le prince héritier du royaume.

Wabo-Beufeu

Comment a-t-il pu battre le futur roi ? C'est un crime fatal pour le prince, et même pour le royaume tout entier.

Le roi

Il réfléchira en prison. Là, il comprendra qu'un garde n'est qu'un valet et rien d'autre. Tu es entré ici sans te faire annoncer ! Désordre encore.

Wabo-Beufeu

Il n'y avait personne à qui je puis solliciter une audience à l'entrée Majesté.

Le roi

Et tu es entré ! Comme n'importe qui aurait pu entrer.

Wabo-Beufeu

Nous veillons à votre sécurité Majesté.

Le roi

Tous les vigiles de la cour infligent au dix-neuvième garde la correction qu'il mérite pour avoir giflé le prince héritier.

WABO-BEUFEU

C'est l'heure qui est grave. Le ciel du royaume s'assombrit, et seule la fermeté du roi peut nous sauver d'une catastrophe. Je doute fort que cette gifle soit une simple gifle. Quelque chose de louche s'est construit autour.

LE ROI

Le roi veut savoir où se trouve ton doute.

WABO-BEUFEU

Beleng ! La gifle n'a été qu'une ruse utilisée pour tromper la vigilance de vos gardes.

LE ROI

Déchire ta parole ! Nous n'y comprenons rien.

WABO-BEUFEU

Sire, c'est difficile à comprendre. Difficile à dire aussi. Un fils de serviteur vient de s'introduire clandestinement… Je ne veux pas être l'instrument de malheur. Majesté, c'est plus fort que moi. Je ne me suis jamais trouvé devant un tel scandale.

Le roi

Qu'est-ce que tes yeux ont vu ? Qui s'est introduit clandestinement ? Où ? Veux-tu qu'on t'arrache la langue ?

Wabo-Beufeu

Beleng ! Vous aurez la peine à le croire. J'aurai bien souhaité que ce soit ailleurs… Dans la case de la favorite.

Le roi

Dans la case de qui ? Nous ne pardonnerons jamais cette plaisanterie tant que nous serons en vie. Bougez !

Wabo-Beufeu

Majesté ! Prenez place ! Asseyez-vous roi des grands princes. Je ferai arrêter ce prétentieux.

Le roi

Nous le voulons vivant. Pour nous-mêmes lui trancher la tête.

Wabo-Beufeu

Il ne faut surtout pas que le sang d'un fils de serviteur salisse vos nobles mains. Vos yeux ne doivent même pas le regarder. C'est lui faire trop d'honneur.

Le roi

Qu'attends-tu pour nous le faire arrêter ? Si ce malheureux s'échappe, ta famille et toi périrez à sa place. Bougez !

Wabo-Beufeu

Oui grand roi ! Gardes ! Encerclez tout de suite la case de la favorite et attrapez, quand il en sortira, l'imprudent fils de serviteur qui a osé s'y introduire sans la permission du roi.

Le roi

Pourquoi attendre sa sortie ? Arrêtez-le n'importe où et appelez tout de suite mon exécuteur pour qu'il le précipite au royaume des morts.

Wabo-Beufeu

Non, grand roi, méfions-nous de la colère de la favorite.

Le roi

La favorite, c'est ma femme.

Wabo-Beufeu

Et c'est pour cela qu'elle ne doit pas être au courant de l'arrestation. Allez et faites comme je vous ai dit, et que l'un de vous appelle le conseiller principal du roi. Ô Majesté ! Grand Roi des grands royaumes. Quelle audace pour un fils de serviteur ! Le royaume est plongé dans la brouille. Les serviteurs confondent déjà leur place. Les vautours veulent manger à la même table que le roi.

LE ROI

C'est un désordre total. Un serviteur se permet de porter la main sur un prince pendant que l'autre s'introduit clandestinement dans la case de notre femme. Et quelle femme ? La favorite. C'est à devenir fou. Nous avons demandé qu'on gifle correctement le garde qui se croit tout permis. Pour celui qui veut être notre rival…

WABO-BEUFEU

Sire ! Confiez ce gamin au conseil de justice afin qu'il soit puni, conformément à la loi.

LE ROI

Pourquoi ? Veux-tu qu'on l'entende dire qu'il aime l'épouse adorée du roi ?

WABO-BEUFEU

Non Majesté ! Il peut être jugé sans être

entendu. D'ailleurs vous souhaitez qu'il reste en prison pendant son jugement.

LE ROI

Nous, le roi, voulons que l'étrangleur l'envoie tout de suite au royaume des morts.

LE CONSEILLER PRINCIPAL

Majesté ! Il existe autant de coïncidences que de surprises. Avant que le téléphone ne sonne pour que je coure ici, ma deuxième épouse, qui a fait dix-huit ans de mariage sans enfant, recevait du ciel un garçon au regard angélique. Le bonheur sire… je dis que ma femme a donné naissance à un guerrier.

WABO-BEUFEU

La tornade des tristes choses vient de souffler sur le palais.

LE CONSEILLER PRINCIPAL

Sa Majesté est-elle triste ? Que son pouvoir pardonne mon ignorance. Acceptez avec plaisir mon excuse Majesté. Qui vous offense offense le peuple. Et qui tente de vous mépriser reçoit la pire des malédictions.

WABO-BEUFEU

Conseiller principal, un garde a osé porter la main sur le prince héritier du royaume.

LE CONSEILLER PRINCIPAL

Que la colère du roi ne soit pas rude pour le serviteur imprudent.

WABO-BEUFEU

Il n'y a pas que cela. Un fils de serviteur, sans la permission du roi, a osé s'introduire dans la case de la favorite.

LE CONSEILLER PRINCIPAL

C'est triste. Impensable !

WABO-BEUFEU

Le roi est mécontent et c'est signe de malheur pour le royaume. Qu'en dis-tu ?

LE CONSEILLER PRINCIPAL

Que le conseil de justice soit convoqué tout de suite et que l'étrangleur le tue s'il avait l'intention d'être le rival de sa Majesté.

LE ROI

Et tu veux que le conseil de justice écoute ses intentions ?

Le conseiller principal

Je crois qu'il est préférable de savoir la vérité sur cet acte.

Le roi

L'acte est plus grave que la vérité qu'il peut contenir. Il doit être jugé en son absence. Personne ne doit écouter ses propos souillés.

Le conseiller principal

Qui vous a informé de cet agissement odieux ?

Wabo-Beufeu

Ça ne sert à rien de savoir qui a informé le roi. Nos avocatiers veulent déjà produire des mangues ou des bananes. Voilà la réalité.

Le conseiller principal

Il devait être bien discret ce garçon.

Le roi

Sa discrétion n'a pas trompé la vigilance de Wabo-Beufeu.

LE CONSEILLER PRINCIPAL

Ah ! Qu'est-ce qui peut bien motiver un garçon à commettre une telle faute ? Rien n'est clair dans cette affaire, Majesté.

LE ROI

Il ne peut rien y avoir de clair. Tout est sombre et nous, le roi, ne voulons rien de clair quand les serviteurs se permettent déjà de porter atteinte à notre autorité.

LE CONSEILLER PRINCIPAL

Majesté ! J'implore votre clémence. La colère ne doit pas vous pousser à faire des choses déplacées. N'oubliez pas que la cause de certains actes posés est toujours plus dangereuse que l'acte lui-même. Je sais que vous êtes en colère mais au-delà de tout, le conseil de justice doit rechercher la vérité. Un roi ne se laisse jamais traverser par la colère.

WABO-BEUFEU

La vérité est là ! Un homme s'est introduit dans la case de la favorite ; ce qui est sûr, c'est qu'il convoite la femme de Sa Majesté. Aimer la femme du roi sans jamais le signifier est déjà sacrilège. Combien de fois pour qui ose le faire savoir ?

Le roi
Ce serviteur est un rival.

Wabo-Beufeu
Il n'est même pas encore serviteur Majesté. Il n'est que fils de serviteur. Qu'il soit pendu après la sentence du conseil de justice.

Le conseiller principal
Ce n'est pas la sentence qui importe. La cause de son acte doit engendrer la cause de son exécution.

Wabo-Beufeu
Majesté ! votre conseiller principal m'étonne. Pour une faute si grave…

Le conseiller principal
Je n'étonne pas ! C'est vous qui refusez de me comprendre. Avant de ramasser un fruit en brousse, je prends toujours le soin de regarder où se trouve l'arbre qui l'a produit. C'est un réflexe. Sinon on risque bien de manger des bananes produites par des avocatiers. Je vais convoquer le conseil de justice.

Acte IV

Le juge

Vous avez tous compris l'inimaginable faute qu'a commise ce matin un adolescent en abusant des bontés de Sa Majesté. Le conseiller principal n'a cessé de rappeler la volonté du Roi. Le conseil de justice doit mettre la lumière pour que le verdict soit à la taille du crime. S'il y a un coupable…

Le conseiller principal

Le roi est malade de cette faute. Il pense que le garçon avait l'intention d'être son rival.

Tabueu

Le rival de Sa Majesté ? Et vous perdez le temps ! Qu'il soit brûlé vif sur la place du marché. Et qu'on en finisse.

Le conseiller principal

On n'impose rien en justice. Si je ne me

trompe pas. On recherche la vérité. La racine de la vérité... C'est ce que je crois. Nous ne sommes pas sûrs que cet honnête garçon voulait vraiment faire ce que nous pensons.

KUIPOU

Le conseiller principal utilise mal ses mots. Comment peut-il appeler « honnête garçon » un fils de serviteur qui s'est introduit dans la case d'une reine, de surcroît clandestinement. Je crois que ce conseiller doit se retirer pour être à l'abri des difficultés que nous rencontrons.

SOUOP-KAMDEM

Le conseiller du roi n'a jamais assisté à un de nos jugements. Et comme tout étranger, il a parlé en novice. L'ignorance n'est pas un crime.

LE CONSEILLER PRINCIPAL

Pas tout à fait, Souop-Kamdem. Je rappelle à Kuipou que ce garçon n'a jamais été condamné et, comme toute personne reconnue non malhonnête, il est honnête. S'introduire dans la case de la reine ne devient une faute que si le pourquoi et le comment sont établis et lui donnent tort.

Kuipou

Juge du royaume, l'accusé s'est introduit clandestinement dans l'une des cases sacrées de la concession royale. La faute est précise et nous avons reçu la confirmation du chef de la garde qui l'a arrêté. Personne ici n'ignore la faute de l'accusé. Je demande que le verdict tombe tout de suite pour que finisse la maladie du Roi issue de cette faute.

Souop-Kamdem

Bien que le Roi n'ait pas accepté qu'on interroge l'accusé, je l'ai tout de même rencontré dans sa cellule. Il me semble que ce garçon est réputé dans ce royaume pour son opposition au mariage des nobles. À la question de savoir s'il s'est introduit chez la favorite, il a répondu par un « oui » arrogant. Je veux dire qu'il a avoué sa faute. Si ça avait été une autre faute, il aurait mérité un allégement de peine mais… Mon juge, Sikoun – puisqu'il s'appelle ainsi – doit être condamné pour son attitude face aux notables pour des questions de femme, et surtout pour la récidive dans les cases privées du Roi. Sa condamnation doit servir d'exemple d'une part pour que les reines soient protégées et, d'autre part, pour que continue à vivre le respect des classes sociales dans le royaume.

Le conseiller principal

Je suis très intéressé par l'intervention de Souop-Kamdem. Ma place commence à se sédentariser dans ce conseil. Que le juge du conseil me permette de poser une question à Souop-Kamdem.

Le juge

Pose-la brièvement.

Le conseiller principal

Notable Souop-Kamdem, quel est ce notable avec qui Sikoun – puisqu'il s'appelle ainsi – s'est rivalisé pour une femme ?

Tabueu

Nous ne sommes pas ici pour savoir avec qui Sikoun a eu un problème de femme. Ce qui est sûr c'est qu'il s'est introduit dans la case privée de la femme du Roi.

Kuipou

Si nous voulons aller au-delà du problème pour lequel nous siégeons, nous risquons de nous éterniser ici. Je surveille toujours mes arbres pour avoir de meilleurs fruits. Et quand une plante parasite vient à se greffer sur mon arbre à moi, sans aucun jugement je la transforme en cendre.

LE CONSEILLER PRINCIPAL
Et si cette question peut changer le verdict ?

TABUEU
Qui est le conseiller principal dans ce conseil pour vouloir changer un verdict ? Nous savons tous que le roi, dans sa cour, attend impatiemment la sentence. Et nous bouffons le temps avec les grimaces du conseiller.

LE CONSEILLER PRINCIPAL
La justice ne doit pas se faire en faveur d'un quelconque notable de ce royaume, encore moins du roi. Si ce dernier demande que le verdict soit sévère, il désire aussi savoir la cause de l'acte ignominieux.

TABUEU
Qu'est-ce qu'il y a encore à savoir ? S'il a dormi avec la favorite ? S'il s'est gratté les couilles en lui faisant la cour ? Si vous n'avez rien à faire de vos journées, mes plantations attendent mes bras.

Le juge

Souop-Kamdem, répond clairement à la question du conseiller.

Souop-Kamdem

Je ne voulais pas que son nom influence la décision du conseil. Il s'agit d'un notable influent ; un chef de clan. Wabo-Beufeu que nous connaissons bien.

Kuipou

Un fils de serviteur qui s'oppose à Wabo-Beufeu pour question de femme ? Sa peine doit être doublée, monsieur le juge.

Le conseiller principal

Voilà ce que devient le conseil de justice du roi. Il suffit qu'on soit fils de serviteur pour être condamné sans jugement ? Le code pénal de ce royaume a été établi pour être appliqué à tous ceux qui sont en faute. Il n'y a pas une loi pour les serviteurs et leurs lignées et une autre pour les notables, fussent-ils des manitous. Pourquoi et en vertu de quelle loi la peine de Sikoun doit être doublée ?

Le juge

Cesse de critiquer le conseil et dis-nous l'impact de ta question.

Le conseiller principal

De cette question, sort une vérité qui doit être dévoilée. Voyez par vous-même. La loi a été conçue pour être respectée. Et je constate que c'est le conseil chargé de son application qui la bafoue. Oui, il y a quelque chose qui ne va pas et c'est le conseil qui doit le découvrir. Si vous voulez savoir, il y a un oranger qui vient de produire des goyaves.

Kuipou

Le conseiller du roi manque de retenue et de concentration. Qu'il nous dise ce qui ne va pas dans cette affaire. Si ses constatations peuvent changer quelque chose à la décision finale, c'est toujours bien.

Tabueu

Je rejette la parole de Kuipou. Le conseiller du roi n'est pas membre de notre conseil. Ses appréciations et ses constatations ne nous aideront en rien. Maintenant que vous avez creusé la fosse du temps, qu'on prononce le verdict.

Le juge

Tous les renseignements sont réunis sur l'acte qui nous a fait siéger aujourd'hui. Le roi a demandé que ce fils de serviteur soit brûlé sur la place du marché et que son père donne aux exécuteurs tout le matériel qui sera utilisé pour l'incinération. Chers compères, le roi, c'est notre roi. Le conseil de justice, c'est son conseil. Aucune opposition ne peut permettre de prononcer la sentence en sa défaveur.

Tabueu

Prononce le verdict !

Le juge

Alors j'adopte ce que le roi a proposé comme sentence. Wabo-Beufeu est l'un des nobles piliers de ce royaume. Nous ne pouvons compter le nombre de fois que ses largesses nous ont permis de rentrer d'ici le ventre plein et la conscience dans les vapeurs de l'alcool. Pour le satisfaire, j'ajoute à la sentence la peine que voici : Le père du condamné doit donner quatre chèvres à Wabo-Beufeu pour arranger les dommages causés par son fils. Que ce verdict soit communiqué et exécuté selon les normes coutumières.

Le conseiller principal

On a des raisons d'être malade ! J'ai bien assisté au travail du conseil de justice. Ce conseil bon à rien. Vous avez perdu trop de temps pour ne rien faire. La sentence prononcée est celle connue avant le début du procès. C'est une honte pour moi, qui me vantais d'être dans un royaume où règne la justice. C'est aussi une honte pour le roi, qui pensait que justice était bien rendue par des hommes de la loi. C'est enfin une honte pour tout le royaume, qui se laisse détruire par une poignée de malfaiteurs réunis au sein d'un conseil dit « de justice ». Même Dieu Tout-Puissant ne peut juger un homme sans l'interroger. Pour qui vous prenez-vous ?

Tabueu

Le roi a demandé de ne poser aucune question à l'accusé. Et c'est ce que nous avons fait. Avale ta langue si ça te creuse nous avons nos obligations.

Le conseiller principal

Vous devez juger les hommes en vous basant sur les faits et non sur les dires des accusateurs qui veulent toujours que le verdict soit en leur faveur. Qu'est venu faire le problème de

Wabo-Beufeu ici pour qu'on le dédommage dans un procès concernant le roi ? Le conseil de justice doit être autonome.

LE JUGE

Le conseil de justice a toujours été autonome. Le verdict est tombé, et personne d'autre que le roi ne peut modifier sa teneur. Inutile de vous quereller je ne reviendrai pas sur cette affaire.

LE CONSEILLER PRINCIPAL

C'est bien dit, juge du conseil. Je vais tout de suite mettre le roi au courant de votre verdict. Je ne dis pas que Sikoun – puisqu'il s'appelle ainsi – n'est pas coupable. Mais il faut savoir pourquoi il a commis cet acte pour empêcher les autres d'en arriver là. Je ne peux permettre à Sa Majesté d'ordonner l'exécution d'une sentence sans fondements solides.
Réfléchissez bien, et comprenez que Sikoun pourrait être votre fils.

TABUEU

Le fils de qui ? Vous laissez ce petit conseiller arrivé hier au palais nous traîner dans la boue ? Quel est ce ciel qui me tombe sur la tête ?

Acte V

Le conseiller principal

Majesté ! Roi des princes et des serviteurs. J'ai avec moi la teneur du verdict prononcé par le conseil de justice. Bien que je ne sois qu'un petit conseiller arrivé hier dans ce palais, je sais la différence entre le bien et le mal.

Le roi

Tu parles très fort aujourd'hui. Quelle est la tension qui plane sur mon royaume ? As-tu bu une mauvaise boisson ? Qu'est-ce qui peut te faire lever la voix un jour comme celui-ci ?

Le conseiller principal

Votre Majesté. La vigilance est la vertu des rois. Le condamné est peut-être innocent.

Le roi

Innocent ? Salade empoisonnée ! Tu veux le rejoindre en prison ? Personne ne peut être innocent quand il entre clandestinement dans mes cases privées. Dans ton esprit tu ne veux pas quitter cette classe d'où je t'ai sorti. Ingrat !

LE CONSEILLER PRINCIPAL

Majesté, calmez-vous. Je veux bien aller en prison si vous ne voulez pas m'écouter. Sikoun que vous croyez être votre rival est plutôt celui de Wabo-Beufeu.

LE ROI

Le rival de Wabo-Beufeu ?

LE CONSEILLER PRINCIPAL

Oui, Majesté. Ce n'est pas que je sois d'accord avec ses actes. Vous vous souvenez que c'est ce dernier qui est venu ici ce matin annoncer l'entrée de Sikoun dans la case de votre favorite. Majesté, réfléchissez. Que se passe-t-il, je ne sais pas. Cherchez à comprendre Majesté !

LE ROI

Fais-le pour nous. Nous devons comprendre.

LE CONSEILLER PRINCIPAL

Je suis ici pour vous faire comprendre, mon roi. Tout est flou et vous l'avez constaté. Il faut bien expliquer la coïncidence de la visite matinale de Wabo-Beufeu et l'entrée de Sikoun chez la favorite. Il n'y a que Sikoun pour nous éclairer sur cette coïncidence. C'est un coupable aux yeux de tous, mais je constate que c'est un ignorant qu'on a envoyé commettre une faute que le Maître du royaume ne pardonnera pas.

LE ROI

Si c'est le cas, c'est un abus. C'est donc de cette façon que les notables nous utilisent et abusent de leur titre. Nous avons honte quand nous entendons dire que la vigilance est la vertu des rois. Nous, le roi voulons la lumière dans cette affaire, et malheur à toi si à la fin rien n'est clair. Tu n'as pas intérêt à porter des accusations sur un noble de la classe de Wabo-Beufeu. J'ai confiance en mes notables.

LE CONSEILLER PRINCIPAL

C'est grâce à cette confiance que j'ouvre vos yeux à ce qui se trame Majesté. Pour une fois, contrôlez le pouvoir que vous offrez à vos collaborateurs. Le mal rôde dans le royaume et comprenez bien que ça ne vient pas seulement des malfaiteurs.

LE ROI

Le roi doit assister au jugement de ce garçon !

Le conseiller principal

Majesté ! Il me plaît de savoir la confiance que vous gardez en la tâche que vous m'avez confiée. Si vous me permettez, je vais poser quelques questions à la favorite pour connaître certains détails.

Le roi

Que cela se passe devant le roi.

Le conseiller principal

Merci Majesté ! Garde ! Fais venir la favorite du roi. Majesté, c'est la présence de Wabo-Beufeu ici ce matin qui m'a mis la puce à l'oreille. La ruse des notables rend le roi méchant devant le peuple. Quelle image un roi doit-il avoir face au peuple ? L'image de la peur ? Je me pose des questions, Majesté.

***

La favorite

Grand roi, un garde vient de me dire que vous avez besoin de moi.

Le roi

C'est vrai, ma berceuse. Tu as essayé de m'offenser.

La favorite

Que mon maître soit rassuré ! Je me refuse seulement de penser que je peux l'offenser.

Le roi

Ton attitude de ce matin m'inquiète. Pourtant, un fils de serviteur s'est introduit dans ta case.

La favorite

Ah ! Majesté ! Ce n'est pas aussi inquiétant que vous me l'avez fait croire. Un garçon s'est introduit ce matin dans ma case. Il a eu le courage de me dire qu'il est entré clandestinement.

Le roi

Et tu n'as pas crié pour alerter les gardes du palais ?

La favorite

Non. Il n'était pas agressif. Sa voix était plaintive, suppliante. Il y avait quelque chose de précieux qu'il voulait ré-avoir aux prix d'un trésor.

Le roi

Quel trésor ?

La favorite

Mon collier blanc !

Le roi

Il voulait ton collier blanc ? Comment une telle idée a pu naître dans sa tête ?

La favorite

L'amour, Majesté, ce garçon a été privé de sa fiancée par un noble de votre cour. N'ayant pu conquérir l'amour de celle-ci, le noble l'a envoyé ravir mon collier blanc afin qu'il lui donne en récompense sa bien-aimée.

Le roi

Et il est venu s'introduire directement chez toi ! Comme si la case de ma femme était une source publique.

Le conseiller principal

Majesté ! Qui l'a envoyé ? Voilà la bonne question.

La favorite

Majesté ! Ce garçon a une maladie : l'amour. Il lui faut payer cher pour entrer en possession de sa belle. Malheureusement, le prix à payer c'est mon collier précieux.

Le conseiller principal

Merci pour cet éclaircissement princesse.

Le roi est bouleversé.

Rentrez dans votre case.

La favorite

Mon maître aurait-il pensé à une trahison ?

Le conseiller principal

Tout, sauf cela. Le roi a été seulement malade du faible qu'il a pour vous. Honorable roi, les dires de la favorite vous permettent d'avoir d'autres idées de l'accusation de Sikoun. Ce fils de serviteur ne mérite pas d'être brûlé sur la place publique, comme l'a décidé votre conseil de justice. Son père n'a rien à payer à Wabo-Beufeu pour un procès qui vous concerne.

Le roi

Reconvoque le conseil de justice. Nous allons voir ce qui s'y passe.

Le conseiller principal

Il y a tout à voir dans ce conseil mon roi !

Acte VI

Le conseiller principal

Majesté ! Voici le garçon que l'apparence a rendu coupable aux yeux de votre entourage. Il a souffert quelques heures de son ignorance. Je regrette un peu le comportement des geôliers à son égard. Et je laisse la parole au conseil.

Le juge

C'est la première fois, depuis que je suis juge, que je reprends un procès en présence du roi. Je me trouve un peu gêné du double manteau du roi, qui se trouve être le plaignant et le souverain. C'est à se demander si le verdict de tout à l'heure n'a pas été ce qu'attendait Votre Majesté…

Le roi

Nous avons demandé que le procès soit repris et il doit l'être. Nous voulons avoir l'esprit net sur cette affaire qui perturbe le cœur du roi. Commencez le jugement !

SOUOP-KAMDEM

Majesté ! Il est vrai que le verdict de tout à l'heure a été très clément pour Sikoun. Ce dernier a la mauvaise habitude d'être le rival des nobles du royaume. Il ne venait que de bénéficier de la clémence de Wabo-Beufeu qui n'a pas trouvé nécessaire de l'accuser devant ce conseil et aujourd'hui, c'est au tour du roi de souffrir de son insatisfaction. Noble roi, fort de cette dégradation de la hiérarchie sociale et nobiliaire du royaume, je demande que ce garçon paye pour son audace. Ma proposition est qu'il soit découpé en petits morceaux des orteils à la tête sur la place du marché. Ceci pour que l'ordre soit rétabli. Le comportement du conseiller principal ne doit pas vous aveugler.

TABUEU

Sire ! Ce fils de serviteur sans honte ni respect a trahi tout le royaume. Mais ma conception de la faute est différente. Pour exécuter le verdict de tout à l'heure, il faut bien dire au peuple la faute commise par le coupable comme à l'accoutumée. La faute est honteuse et ne saurait être publiée à moins de vouloir créer parmi les serviteurs d'autres « Sikoun » qui se moqueront bien de l'honneur de la favorite. Je ne sais pas, Majesté, si vous avez minimisé le verdict prononcé par le conseil. Comprenez qu'un condamné n'a jamais été exécuté sur la place du marché sans que le peuple n'approuve la proportion qui existe entre la faute et la sentence. Avant qu'on n'interroge ce fils de serviteur, j'implore la clémence du roi sur sa faute. J'ai réfléchi après le procès et il me vient à l'idée qu'il a commis cette faute par ignorance, comme le disait le conseiller principal. Au cas où ce n'est pas la volonté du roi, je demanderais au conseil de justice d'oublier ce que vient de proposer Souop-Kamdem. Sikoun est un garçon qu'on peut redresser si on le garde en prison. Nous avons tous des enfants comme lui, et s'il s'est introduit chez la favorite, ce n'est pas pour faire ce à quoi les gens ne peuvent s'empêcher de penser.

LE ROI

Cette analyse permet de se placer loin de tout préjugé. Que le procès continue !

KUIPOU

Le verdict de ce procès sera sans appel pour la simple raison que le roi et son conseiller principal nous assistent. Je me demande si notre roi n'a rien à faire pour interjeter et assister au jugement d'un fils de serviteur.

LE ROI

Ce procès est très important pour le peuple qui nous regarde.

KUIPOU

Dans ce cas, d'une part je soutiens Souop-Kamdem pour avoir parlé du mépris de la hiérarchie par ce garçon. Les notables en sont touchés. D'autre part, l'idée de Tabueu est juste puisque c'est le séjour de ce garçon en prison qui nous permettra de savoir le mobile de sa conduite honteuse. Nous avons tout à l'heure été aveuglés par la colère du roi qui rôdait dans tout le royaume. La recherche de la vérité n'est pas difficile, nous devons juste faire attention à ce qu'engendre la connaissance de cette vérité.

LE ROI

Pas plus tard qu'aujourd'hui, nous saurons le mobile de cette conduite. La vérité.

LE JUGE

Je suis déçu par la reprise du jugement de cette affaire à laquelle je croyais avoir donné le meilleur des verdicts. Le roi a perdu la grande confiance qu'il nous donnait. Vous ne voyez pas ça. Et vous vous mettez immédiatement à construire des châteaux d'idées et de souhaits. Le roi a été induit en erreur par Djo'djuikouo qui est devenu, par un coup de baguette magique, le conseiller principal. Sa Majesté ne peut le démentir. Nous ne savons pas ce que Djo'djuikouo a contre nous, mais il n'a, que je sache, aucun droit de mépriser ce conseil de justice. Vous voulez faire l'apologie des serviteurs ? Si le roi est ce qu'il est, c'est parce que nous sommes ce que nous sommes.

LE CONSEILLER PRINCIPAL

Je ne peux m'abstenir devant cette attaque du juge. Je n'ai rien contre ce conseil de justice, mais combien de serviteurs comme ce garçon doivent être morts pour des soupçons non fondés ? Quel intérêt avez-vous à condamner ce garçon sans savoir le mobile de sa « faute » ? De quoi est coupable son père pour payer des chèvres à Wabo-Beufeu qui n'a rien à voir dans le procès du jour ? Tu es noble de sang parce que tu tiens ton titre de ton père. Je ne viens que de sortir du Djo'djuikouo que j'étais pour travailler dans la suite de Sa Majesté. Mais je sais si bien quelle est la place du peuple dans un royaume. Je connais la valeur de l'homme. Que sommes-nous quand nous n'avons pas le manteau d'orgueil qui nous fait si différent ?

LE ROI

Du calme. Je connais maintenant la place de chacun dans ce conseil. J'exige que ce soit mon conseiller qui interroge l'accusé.

LE JUGE

Djo'djuikouo n'est pas membre de notre conseil ! je désapprouve la confiance aveugle que le roi accorde à cet ancien serviteur.

KUIPOU

Que se passe-t-il ? Le juge délire ! Le conseil de justice, c'est le conseil du roi !

LE ROI

Ce conseil devient celui du peuple.

LE CONSEILLER PRINCIPAL

Majesté ! Il y a des branches qui pensent pouvoir faire tomber l'arbre. Sikoun, tu es devant le grand conseil de justice du royaume.

Tu as écouté la peine que te réservent certains membres du conseil. Il ne revient qu'à toi, dans la sincérité de tes déclarations, de te faire libérer. Qui est Wabo-Beufeu pour toi ?

SIKOUN

Wabo-Beufeu est le notable qui m'a ôté le seul bien-être qui faisait de moi un homme. Il a épousé la fille à laquelle j'étais fiancé depuis trois ans. Massa'a.

LE CONSEILLER PRINCIPAL

Et quelle liaison y a-t-il entre ta venue au palais et Wabo-Beufeu ?

SIKOUN

Il m'a demandé d'utiliser tous les moyens possibles pour lui apporter le collier blanc de la favorite et qu'en retour, il me remettra ma Massa'a bien aimée.

TABUEU

Utiliser tous les moyens possibles ? Même si la mort de la favorite devait s'en suivre… Majesté, ce notable est cruel.

Le conseiller principal

Ce n'est pas le moment de le dire. Pourquoi voulait-il le collier blanc de la favorite ?

Sikoun

Ce collier a-t-il dit, lui vaudrait la main de la princesse du royaume de Fobabou.

Le conseiller principal

Et nous y sommes Majesté ! Ce jeune garçon n'est pas encore assez sage pour échapper aux ruses. Il a été victime de la duperie de son rival qui voulait le précipiter au royaume des morts par votre main. Ce garçon ingénu tenait beaucoup à sa fiancée. C'est pourquoi il a tout fait pour entrer chez la favorite sans être aperçu par vos hommes. Son rival est venu le trahir. Le fils de serviteur a été déçu par le refus de la favorite qui ne pouvait lui remettre le collier qu'il venait chercher non plus par tous les moyens mais par négociation. Wabo-Beufeu a empêché à vos gardes d'arrêter Sikoun dans la case de votre femme parce qu'il croyait le voir sortir après avoir commis un forfait. Dieu merci, le fils de serviteur n'est pas un criminel. Pour preuve la favorite a été épargnée.
Voilà Majesté, tous les termes convenables qui nous permettent de constater la manipulation

de votre autorité et de votre conseil de justice par certains nobles au détriment des serviteurs et de leurs lignées, qui constituent pourtant la majorité de votre peuple.

LE ROI

À présent, nous comprenons la vérité. Une partie du peuple a péri à cause de plusieurs abus des notables. Mon royaume a besoin de nouvelles lois. Le pouvoir est menacé. Comme le disait Souop-Kamdem, de quel côté est-il menacé ? Ma réputation aussi. Grâce à ce procès provoqué, la menace est visible dans la confiance que le royaume donne à ses nobles.

KUIPOU

La honte est maintenant générale. Après la vérité, le conseil de justice a honte de la confiance que nous faisons à vos nobles. Je crois que, ce jour, le juge prononcera le verdict le plus juste de l'histoire.

LE ROI

Quel juge ? C'est à nous, le roi, de prononcer le verdict. Et ce verdict sera la décision la plus sévère. Garde ! Allez me faire venir Wabo-Beufeu. Je ne suis pas venu voir pour qu'on conclue à ma place.

Le conseiller principal

Grand roi ! Une précision vient de me monter à la mémoire. Le royaume de Fobabou n'a qu'une seule princesse qui, la saison des cueillettes dernière, s'est mariée au roi de Hom. Wabo-Beufeu faisait partie de la délégation que vous avez envoyée vous représenter là-bas. Quelle autre princesse veut-il mériter avec le collier de la favorite ?

Le roi

La question mérite d'être posée. Il devait tout faire pour que j'élimine son rival !

***

Wabo-Beufeu

Majesté, je suis auprès de vous. Prêt à vous servir.

Le roi

Tu dois déjà savoir pourquoi ce conseil t'appelle. C'est encore la queue du problème que tu as posé. Le conseil en difficulté t'appelle pour demander ton point de vue sur le verdict qui doit bientôt tomber.

Wabo-Beufeu

regardant Sikoun avec mépris

Majesté ! Je demande votre clémence pour ce malheureux qui ignore la valeur précise d'un notable de sa majesté. Les cinq doigts de la main ne sont pas égaux, et beaucoup dans le royaume ne veulent pas comprendre.
Qu'il soit condamné à la peine que mérite sa faute sans autre exagération.

Le roi

Wabo-Beufeu le conseil a bien du mal à condamner celui qui te doit le collier blanc de la favorite du roi.

Wabo-Beufeu

Majesté, ce sale fils de serviteur a beaucoup d'imagination. Surtout quand il faut me faire du mal. C'est un vulgaire menteur qui perdra tout le royaume si nous le laissons en vie. Qu'il soit brûlé vif sur la place publique.

Souop-Kamdem

Wabo-Beufeu dans quel gouffre tombes-tu ?

LE ROI

Qui t'a fait savoir que c'est son imagination ? Que venais-tu faire au palais ce matin pour voir Sikoun entrer chez ma favorite ?

WABO-BEUFEU

Je venais rendre visite au roi.

LE ROI

Depuis quand existe ce genre de visite ? L'objet de la visite ?

WABO-BEUFEU

J'ai pensé qu'il fallait venir ici, et la coïncidence a voulu que je voie Sikoun entrer chez votre favorite, tout comme je pouvais rencontrer le garde qui a giflé le prince.

LE ROI

Tu sembles avoir beaucoup d'imagination, surtout quand il s'agit d'éliminer un rival qui réclame ce qui lui appartient.

WABO-BEUFEU

Majesté ! Rien ne lui appartient. Vous ne pouvez quand même pas croire à ce que dit ce vaurien.

Le juge

C'est un sacrilège, Wabo-Beufeu. Depuis quand juge-t-on un notable devant les serviteurs ? Nous n'avons plus le droit de nous protéger de l'agression de nos valets.

Wabo-Beufeu

Je ne tolère pas le mensonge que construit ce petit vaurien.

Le roi

Tais-toi ! C'est bien toi l'impénitent menteur qui a failli me pousser à commettre un crime honteux. C'est toi le notable influent qui m'a fait avoir des idées noires toute la journée.

Wabo-Beufeu

Je vous jure que ce n'est pas ma faute.

Le roi

À qui donc est la faute ?

Le conseiller principal

Si Massa'a n'avait pas été chez Wabo-Beufeu, et n'avait pas toujours refusé de dormir dans son lit, il n'aurait pas fait appel à Sikoun. C'est cette jalousie exécrable qui a poussé le notable à vouloir se venger de son rival en le faisant tuer la favorite. Imaginons que la favorite soit morte et le collier ramené à Wabo-Beufeu, il aurait aussitôt couru chez le roi accuser Sikoun, après lui avoir tranché la tête. Massa'a serait restée chez Wabo-Beufeu malgré elle, et le roi n'aurait pas compris le pourquoi et le comment des choses. En conclusion, ce procès n'aurait pas eu lieu si Sikoun n'avait pas été séparé de Massa'a par ce notable qui se croit tout permis.

WABO-BEUFEU

Laissez Massa'a en dehors de ce problème.

SIKOUN

Ô noble Majesté ! Grand Roi du royaume. Je meurs de joie de vous entendre vous interroger sur la cause des serviteurs et leurs fils. Quel bonheur pour moi de parler devant une assistance où se trouve mon roi. Je comprends aujourd'hui que ce qui nous arrive n'est pas votre volonté. J'ai commis une faute. J'avais perdu la tête. De cette faute, je sors grandi de vous avoir connu. Ma peine importe peu. Je veux seulement que vous me permettiez de dire à mes pairs la vérité que j'ai vécue au milieu de vous.

Wabo-Beufeu

Vous avez compris Majesté ; il sait qu'il a commis une faute mais demande d'aller dans le royaume pour se moquer de moi. Non, il ne partira pas d'ici sans souffrir de son audace.

Le juge

Voilà un peu à quoi ressemble un royaume où serviteurs et nobles mangent à la même table. Ce garçon a parlé ici, devant nous, sans avoir demandé la parole. Devant le roi. Il nous faut des explications.

Le conseiller principal

J'ai bien envie de rire Majesté ! Quelle tragédie ! Et le valet est devenu l'agneau qui portera toujours les péchés des nobles.

Le roi

Je suis dérangé par le comportement que j'affichais devant mon peuple. Aujourd'hui, tous les arguments sont réunis pour que je prenne une décision qui plaira à la justice. Wabo-Beufeu est radié à jamais du cercle des notables du roi. Pendant une période de douze ans, il lui est interdit d'aller au marché, aux funérailles et aux manifestations de grande envergure organisées dans le royaume. Avant le début de cette peine, il fera deux saisons en prison. Souop-Kamdem et le juge sont chassés de mon conseil de justice et perdent leur coiffe de noble. Ils donneront dans chaque famille de cette ville un fagot de bois pour apaiser le peuple des forfaits commis par leur caste. Ils ont le choix entre la pénitence et l'exil. Sikoun, le présumé coupable, est déclaré innocent. Il reprend sa fiancée Massa'a, et la moitié des terres de Wabo-Beufeu lui est donnée par le roi. Il remplace Souop-Kamdem au sein du conseil de justice, Le conseiller principal cumulera ses responsabilités actuelles avec celles de juge. Il élargira le conseil de justice avec des serviteurs et des notables. Il veillera à ce que tout procès soit juste et légal.

À ses gardes

Détachez Sikoun et conduisez Wabo-Beufeu en prison. Que les notables déchus quittent très vite mon champ de vision.

Souop-Kamdem et le juge sortent

Tabueu et Kuipou, vous êtes moins coupables que les autres. Je vous mets en observation. Pour le moment, vous êtes chargés de publier dans tout le royaume la teneur de ce verdict en expliquant au peuple la cause du procès.

WABO-BEUFEU

Majesté ! J'implore votre clémence, c'est la haine qui m'a poussé dans ce gouffre.

LE ROI

Quand on nourrit une haine, on doit penser à son revers.

LE CONSEILLER PRINCIPAL

Vous avez raison Majesté ! Les notables doivent de nouveau comprendre que le peuple est sous la protection du roi.

LE ROI

Conduisez-le en prison. Et ordonnez au chef de la garde d'aller diviser ses terres en deux parties égales.

Tabueu et Kuipou se saisissent de Wabo-Beufeu et le traînent dehors.

Sikoun, sois fier d'avoir été utilisé comme instrument de la vérité. Tu es libre. Membre du conseil de justice et collaborateur du roi, tu lutteras avec les autres pour le triomphe de la justice.

SIKOUN

Majesté ! Collaborateur des grands dieux du royaume. Je crois vous connaître plus que quiconque. C'est un miracle ! J'ai peur.

LE ROI

J'apprécie la sincérité de tes déclarations. Va chercher ta fiancée. Elle doit être inquiète à ton sujet.

Sikoun sort en vitesse.

Mon conseiller, c'est à toi que je dois cette nouvelle réforme. Personne n'avait eu le courage de me parler de mon ignorance. Tu as ouvert mes yeux autrefois fermés par l'égoïsme, la malhonnêteté et l'hypocrisie de mes notables. Comme je ne l'ai pas fait depuis dix ans, je dois parler au peuple sous le fromager de la vérité.

LE CONSEILLER PRINCIPAL

Je suis votre serviteur, Majesté. J'avais juré de vous servir en toute loyauté. J'ai toujours voulu que le peuple porte jusqu'à vous la joie que vous ferez naître en lui.

LE ROI

Le peuple est souverain ! Il n'existe pas de roi sans peuple. Et la haine qu'on nourrit pour son peuple est une arme contre soi-même. J'ai peur… libérez le garde qui a giflé mon fils et conduisez-le au médecin du roi.

FIN

Achevé d'imprimer en France
sur presse numérique par CPI, Firmin Didot
au Mesnil-sur-l'Estrée

Dépôt légal : Février 2016
N° d'impression : 133164